BEI GRIN MACHT SICH IHR WISSEN BEZAHLT

- Wir veröffentlichen Ihre Hausarbeit, Bachelor- und Masterarbeit

- Ihr eigenes eBook und Buch - weltweit in allen wichtigen Shops

- Verdienen Sie an jedem Verkauf

Jetzt bei www.GRIN.com hochladen und kostenlos publizieren

Bibliografische Information der Deutschen Nationalbibliothek:

Die Deutsche Bibliothek verzeichnet diese Publikation in der Deutschen National-
bibliografie; detaillierte bibliografische Daten sind im Internet über http://dnb.d-
nb.de/ abrufbar.

Impressum:

Copyright © 2019 GRIN Verlag
Druck und Bindung: Books on Demand GmbH, Norderstedt Germany
ISBN: 9783346002921

Dieses Buch bei GRIN:

https://www.grin.com/document/494323

Markus Ort

Die schuldrechtlichen Verpflichtungsgeschäfte

GRIN Verlag

GRIN - Your knowledge has value

Der GRIN Verlag publiziert seit 1998 wissenschaftliche Arbeiten von Studenten, Hochschullehrern und anderen Akademikern als eBook und gedrucktes Buch. Die Verlagswebsite www.grin.com ist die ideale Plattform zur Veröffentlichung von Hausarbeiten, Abschlussarbeiten, wissenschaftlichen Aufsätzen, Dissertationen und Fachbüchern.

Besuchen Sie uns im Internet:

http://www.grin.com/

http://www.facebook.com/grincom

http://www.twitter.com/grin_com

Unterrichtsportfolio

Thema des durchgeführten Unterrichtsentwurfs:

4.3 Sonstige Verpflichtungsgeschäfte: Schenkung, Miete, Leihe, Darlehen, Dienstvertrag, Arbeitsvertrag, Werkvertrag, Auftrag, Verwahrung (Abgrenzungskriterien)/schuldrechtliche Vertragsarten

Vorstellung des Unterrichtsentwurfs

Der ausgearbeitete Unterrichtsentwurf[1] stellt eine 45-minütige Unterrichtsstunde aus dem insgesamt 36 Unterrichtsstunden umfassenden Fach Grundzüge des Privatrechts im Rahmen des ersten Fachlehrgangs für die Beamtenanwärter der zweiten Qualifikationsebene in der nicht-technischen Verwaltungslaufbahn in Bayern dar.

In diesen 36 Unterrichtsstunden werden den Beamtenanwärtern die folgenden Themen (mit Richtstundenzahl) vermittelt.

1. Grundlagenwissen (2 US)
2. Willenserklärung, Rechtsgeschäft, Vertrag (3 US)
3. Wirksamkeit von Rechtsgeschäften/Vertretung (10 US)
4. Verpflichtungsgeschäfte (5 US)
5. Sachenrecht (4 US)
6. Besondere Rechte des Käufers bei Mängeln (6 US)
7. Übungen (6 US)

Die ausgearbeitete Unterrichtsstunde gehört in den vierten Themenkomplex (den der Verpflichtungsgeschäfte). In der Unterrichtsstunde werden den Beamtenanwärtern die relevantesten schuldrechtlichen Vertragsarten erläutert (anhand der sie charakterisierenden Spezifika). Hierfür ist die Unterrichtsstunde in drei Phasen gegliedert:

Phase 1 (Einstieg/Einführung): Dient mit einem Brainstorming der Aktivierung der Teilnehmer und einer Hinführung zum Thema.

Phase 2 (Erarbeitung/Vermittlung): Hier werden die einzelnen Vertragstypen anhand des Gesetzes durch die Teilnehmenden erarbeitet und dann im Plenum präsentiert (mit Visualisierung).

Phase 3 (Festigung/Sicherung): Diese Phase dient der Einübung und der Vertiefung der erarbeiteten Inhalte durch Übungsaufgaben.

Bezüglich der Zielsetzung sollen einerseits durch diese Unterrichtsstunde die fachlichen Kompetenzen durch Wissenserwerb erweitert werden. Daneben werden durch die Partnerarbeit (in Phase 2) die Sozialkompetenzen verbessert sowie durch die Übung in der Arbeit am und mit dem Gesetz sowie durch das Halten der Präsentation auch Methodenkompetenzen erworben.

---

[1] Er findet sich in der Anlage zu diesem eingereichten Portfolio. Er umfasst dabei ein Deckblatt, eine Sach- und Bedingungsanalyse, die didaktische Analyse, eine Darstellung der Kompetenzen und Lernziele, die didaktische Reduktion, eine methodische Analyse sowie die Unterrichtssequenz (zu dem Themenkomplex 4) mit einem Unterrichtsverlaufsplan zuzüglich Anlagen sowie kompetenzorientierten Leistungsnachweisen.

Inhalt

Portfolio

Fachlehrgang I

Thema: 4.3 Sonstige Verpflichtungsgeschäfte: Schenkung, Miete, Leihe, Darlehen, Dienstvertrag, Arbeitsvertrag, Werkvertrag, Auftrag, Verwahrung (Abgrenzungskriterien)

Referent	Markus Ort, LL.M.
Fach	Grundzüge des Privatrechts
Zeit	09:00 ⁻ 09:45 Uhr

4

Sachanalyse

In der Unterrichtsstunde zu den schuldrechtlichen Vertragsarten werden die so genannten Verpflichtungsgeschäfte behandelt. Diese bilden die Anspruchsgrundlagen für die dingliche Rechtsänderung im Rahmen von Verfügungsgeschäften. Neben den Verpflichtungsgeschäften aus dem Schuldrecht (2. Buch BGB) gibt es auch noch weitere gesetzlich nicht geregelte oder außerhalb des BGB geregelte Verträge. Da auch für letztere – sofern nicht spezialgesetzlich anderes festgehalten wurde – die Regelungen des 1. Buchs BGB sowie des allgemeinen Teils des Schuldrechts gelten, ist es nicht nötig, zur Erarbeitung der Inhalte das Schuldrecht zu verlassen. Vielmehr lernen die Beamtenanwärter hier die zentralen Vertragsarten und deren Abwicklung in der Praxis kennen. Sollten sie später mit besonderen Verträgen zu tun haben, werden sie durch die Kenntnis der grundlegenden Regelungen des BGB, welche insbesondere durch die große Schuldrechtsreform in den 2000ern durchgeführt wurden, mit diesen umzugehen wissen.

Bedingungsanalyse (Lernvoraussetzungen)

Klassensituation:

Die Klasse besteht aus ca. 25 bis 30 Beamtenanwärtern der zweiten Qualifikationsebene in der nicht-technischen Verwaltung. Die Klasse ist sehr heterogen, da ein Teil der Beamtenanwärter direkt nach dem Schulabschluss in die Beamtenlaufbahn einsteigt (Alter zwischen 16 und 20), während andere Beamtenanwärter zunächst eine andere Berufsausbildung durchlaufen haben und umschulen oder ehemalige Berufssoldaten sind, die nun in einen Zivilberuf überführt werden. Generell steht zu erwarten, dass die meisten noch kaum Erfahrungen in der Arbeit mit dem Gesetz haben und insbesondere das Hintergrundwissen zum Privatrecht sehr unterschiedlich stark vorhanden ist. Ebenso unterscheiden sich die einzelnen Teilnehmer sehr stark bezüglich ihrer aktuellen Lernerfahrungen. Gerade die jüngeren Beamtenanwärter sind von der Schule noch (auch längere) Unterrichtstage gewohnt, wohingegen dies für die älteren eher eine Situation ist, an die sie sich erst wieder gewöhnen werden müssen.

(Lern)Inhalte:

Die Lerninhalte sind über den Stoffgliederungsplan 2019/2021 (mit Anlagen) für alle Fächer und damit auch für das Fach BGB vorgegeben. Dies sind im Fachlehrgang I neben dem Grundlagenwissen die Themen:

- Willenserklärung, Rechtsgeschäft, Vertrag
- Wirksamkeit von Rechtsgeschäften / Vertretung
- Verpflichtungsgeschäfte
- Sachenrecht
- Besondere Rechte des Käufers bei Mängeln

Neben diesen Themen verbleibt auch ein Zeitpuffer für entsprechende Übungs- und Vertiefungsaufgaben.

Arbeits- und Sozialformen:

Gerade weil zu Beginn der Ausbildung zum Beamten erst die Arbeit am und im Gesetz vermittelt werden muss, erscheint es sinnvoll, die Beamtenanwärter nicht durch zu komplexe Einzel- und Gruppenarbeiten zu überfordern. Vielmehr erscheint es erstrebenswert, zunächst in den Grundlagenfächern die Inhalte zunächst im Plenum zu erarbeiten und zu festigen, damit keiner auf der Strecke bleibt. Wenn die Arbeit mit den Gesetzen besser beherrscht wird, können dann auch häufiger Arbeiten in anderen Sozialformen durchgeführt sowie komplexere Übungsaufgaben zur Prüfungsvorbereitung bearbeitet werden.

Leistungsstand:

Da sich die Beamtenanwärter noch am Beginn ihrer Ausbildung befinden, hatten die meisten noch keine (schulischen) Berührungspunkte mit dem Zivilrecht. Insgesamt sind sie auch noch wenig geübt und erfahren in der Arbeit am und im Gesetz. Gerade die älteren Teilnehmer werden aber zumindest aus dem privaten Bereich genug Berührungspunkte mit Vertragsabschlüssen vorweisen können, um die Relevanz des Themas für ihr Leben problemlos erkennen zu können.

Didaktische Analyse

Gegenwartsbedeutung:

Die Inhalte aus dem Zivilrecht (insbesondere rund um den Vertragsabschluss und die schuldrechtlichen Verträge) betreffen jeden einzelnen der Beamtenanwärter privat unmittelbar, da jeder von ihnen in seinem Leben eine unzählbare Menge an Verträgen abschließt und dies eventuell auch noch für den Dienstherrn tun wird. Sie wissen daher auch (eventuell nur unbewusst) im Wesentlichen schon, wie Verträge zustande kommen. Dieses Wissen kann für die Erarbeitung genutzt werden und muss hierfür nur noch strukturiert, in die Rechtssystematik eingeordnet und mit dieser in der Anwendung verknüpft werden.

Zukunftsbedeutung:

Die Inhalte, die den Beamtenanwärtern im Zivilrecht vermittelt werden, sind für die berufliche Praxis relevant. Dies liegt allein schon daran, dass die Beamten für Körperschaften, Stiftungen und Anstalten des öffentlichen Rechts (und somit juristische Personen) arbeiten, die durch Menschen vertreten werden müssen. Daher kommt es regelmäßig vor, dass die Beamten in ihrem Berufsalltag mit dem Abschluss von Verträgen, der Verfolgung von Gewährleistungsrechten etc. befasst sein werden. Um dies gewährleisten zu können, müssen die Beamtenanwärter also die Systematik des Privatrechts verstehen und in die Lage versetzt werden, die für sie relevanten Inhalte anhand des Gesetzes zu erarbeiten und auch auf unbekannte Sachverhalte anzuwenden.

Daneben sind die Inhalte des Faches auch für die Beamtenanwärter und ihr privates Leben anwendbar.

Sachstruktur (Struktur des Inhalts):

In der Veranstaltung der „Grundzüge des Privatrechts" wird zunächst Grundlagenwissen über das Rechtsgebiet des Privatrechts vermittelt. Darauf aufbauend, werden die elementarsten Begrifflichkeiten – Willenserklärungen, Rechtsgeschäfte und Verträge – des allgemeinen Teils (welcher auch für das 2. bis 5. Buch des BGB gilt) eingeführt. Anschließend geht es von diesen eher allgemeinen Ausführungen hin zu den besonderen Umständen, die Willenserklärungen und Rechtsgeschäfte in ihrer Wirksamkeit und ihrem Zustandekommen beeinträchtigen können. Ebenso werden die unterschiedlichen Rechtsgeschäfte und Vertragsarten detailliert behandelt und gegeneinander abgegrenzt. Abschließend widmet sich dieses Modul den besonderen Gewährleistungsrechten des Kaufvertrags.

In der folgenden Unterrichtsstunde werden daher die relevantesten schuldrechtlichen Vertragsarten vorgestellt. Hierzu wird zunächst anhand des Gesetzes in der Klasse am Beispiel des Kaufvertrags erarbeitet, welche Abgrenzungskriterien den Kaufvertrag ausmachen. Anschließend wird in Partnerarbeit/Kleingruppenarbeit ausgearbeitet, welche Alleinstellungsmerkmale die anderen zu behandelnden Verträge ausmachen. Die Ergebnisse dieser Partner-/Gruppenarbeiten werden dann kurz an der Pinnwand visualisiert und der Gruppe präsentiert. Wenn alle Vertragsarten bekannt gemacht wurden, wird zur Festigung eine Einzelarbeit mit kleinen Übungsfällen bearbeitet.

Unterrichtliche Zugänglichkeit:

Die Inhalte werden überwiegend an Beispielen aus dem realen Leben vermittelt. Dies sorgt einerseits dafür, dass die Beamtenanwärter direkt die Praxisrelevanz des Stoffes für sich erkennen können. Andererseits hilft es auch dabei, die Rechtsthematik nicht als eine abstrakte und trockene Angelegenheit zu begreifen.

Didaktische Analyse

Exemplarische Bedeutung:

Die Beamtenanwärter sind nach Abschluss dieses Moduls zu den Grundzügen des Privatrechts in der Lage, das an konkreten Sachverhalten – unter Zuhilfenahme des Gesetzes – kennengelernte auf neue Sachverhalte und juristische Problemfälle anzuwenden. Dies ist aufgrund des systematischen Aufbaus des BGB unproblematisch möglich, wenn nur die richtigen Paragraphen gefunden werden. So sind sie befähigt, ausgehend von dem, was sie über den Kaufvertrag und die anschließend behandelten Verträge gelernt haben, beispielsweise noch den Behandlungs-, Makler-, Pachtvertrag etc. zu erarbeiten.

Kompetenzen und Lernziele

Kernkompetenz (siehe Lernfeld)

Die Beamtenanwärter sind nach dem Durchlaufen des Lernfeldes Grundzüge des Privatrechts in der Lage, eigenständig leichte Fälle aus dem Zivilrecht rechtlich zu würdigen.

Kompetenz der Unterrichtssequenz

Nach der fünf Unterrichtsstunden umfassenden Unterrichtssequenz „Verpflichtungsgeschäfte" können die Beamtenanwärter für die schuldrechtlichen Verträge das Anwendbare Recht ermitteln, die einzelnen Vertragsarten gegeneinander abgrenzen, Haupt- und Nebenleistungspflichten unterscheiden und beurteilen, wann, wo und wie ein Vertrag zu erfüllen ist.

Kompetenzen in der Stunde (Fach-, Selbst-, Sozial-, Methodenkompetenz)

In der Stunde selbst werden die Beamtenanwärter ihre Fachkompetenz bezüglich der Arbeit mit schuldrechtlichen Verträgen ausbauen. Daneben lernen sie auch mit dem Gesetz zu arbeiten und durch das Vortragen der Ergebnisse der Gruppenarbeiten lernen sie auch zu präsentieren (Methodenkompetenz). Durch die Arbeit in Partner- und Kleingruppenarbeit werden die Soft Skills gefördert, da die Anwärter sich bezüglich der Präsentation abstimmen und hier miteinander reden müssen (Sozialkompetenz). Da die Anwärter auch in Einzelarbeit Aufgaben bearbeiten, müssen sie sich auch selbst managen können (Wie gehe ich in der Bearbeitung vor und wie viel Zeit lasse ich mir für die einzelnen Aufgaben? Etc.), was die Selbstkompetenz fördert.

Didaktische Reduktion

Die Sequenz Nr. 4. Verpflichtungsgeschäfte im Fach Grundzüge des Privatrechts umfasst 5 Unterrichtseinheiten á 45 Minuten. Als einzelne Themenfelder werden hierbei die folgenden vorgegeben:

4.1 Haupt- und Nebenleistungspflichten, Rücksichtspflichten

4.2 Kaufvertrag (sonstige Anwendbarkeit von Kaufrecht)

4.3 Sonstige Verpflichtungsgeschäfte: Schenkung, Miete, Leihe, Darlehen, Dienstvertrag, Arbeitsvertrag, Werkvertrag, Auftrag, Verwahrung (Abgrenzungskriterien)

4.4 Vertragliche Nebenabreden, z. B. Lieferung, Montage, Installation

4.5 Stückschuld und Gattungsschuld (mit Konkretisierung)

4.6 Leistungsort, Leistungszeit, Einrede des nicht erfüllten Vertrages

In der nachfolgend ausgearbeiteten Unterrichtsstunde geht es um das Thema 4.3.

Umfang des Inhalts: Neben dem bereits gesondert behandelten Kaufvertrag gibt es noch viele weitere Verpflichtungsgeschäfte. Dies sind zum Teil im 2. Buch des BGB (dem Schuldrecht) geregelt. Daneben gibt es auch weitere schuldrechtliche Verträge, die in speziellen Gesetzen (z. B. Versicherungsvertrag) oder auch gar nicht (z. B. Leasingvertrag) geregelt sind. Da es in der Unterrichtsstunde darum gehen soll, den Beamtenanwärtern einen ersten Überblick über sonstige Verpflichtungsgeschäfte zu geben, die im Stoffgliederungsplan benannt sind (siehe oben unter. 4.3), werden auch nur diese exemplarisch behandelt. Die nicht (im BGB) geregelten Verträge sowie die zwar dort normierten, jedoch im Stoffgliederungsplan nicht zur Vermittlung vorgesehenen Verträge werden aufgrund des zu hohen zeitlichen und inhaltlichen Umfangs nicht vermittelt. Die Beamtenanwärter sind allerdings dennoch in der Lage, sich diese anhand des Gesetzes zu erschließen, wenn sie es einmal mit diesen zu tun bekommen, da die anhand der vorgegebenen Beispiele eingeübte Methodik hierfür die gleiche ist.

Inhalte in der Darstellung: Da die Beamtenanwärter lediglich einen Überblick über die wichtigsten/häufigsten Verpflichtungsgeschäfte erlangen sollen, ist es nicht notwendig, für jede einzelne Vertragsart das Zustandekommen (durch Angebot/Annahme) oder die Sekundäransprüche (wie z. B. Gewährleistung) zu behandeln. Vielmehr ist es ausreichend, wenn die Beamtenanwärter die Vertragsarten hinsichtlich der Hauptnorm, des Vertragstypnamens, der Bezeichnung der Vertragsparteien sowie deren Hauptpflichten unterscheiden können. Diese Merkmale sind für die Abgrenzung der einzelnen Vertragsarten ausreichend, weshalb weitere Inhalte in dieser Stunde nicht behandelt werden.

Methodische Analyse (Methodenbegründung)

Methoden

In der Einführung wird auf ein Brainstorming im Plenum zurück gegriffen. Dies geht schnell, erbringt die für den Überblick notwendigen Antworten und überfordert keine Teilnehmer, die eventuell noch kein Vorwissen mitbringen.

In der Erarbeitungsphase wird mit Partner-/Gruppenarbeit der zu vermittelnde Inhalt erarbeitet und später präsentiert. Durch diese kleinen Gruppen (bei unterschiedlichen zu erarbeitenden Inhalten) wird gewährleistet, dass sich niemand ausklinken und zurücklehnen kann. Durch das Selbsterarbeiten wird auch der Inhalt tiefer durchdrungen, als es bei einem Vortrag der Fall wäre. Außerdem lernen die Beamtenanwärter so besser, mit dem Gesetz als Arbeitsmaterial für die spätere Praxis umzugehen. Nebenbei führen aber auch diese Sozialformen zu einer Förderung der Sozialkompetenzen.

In der Festigungsphase findet die Einzelarbeit Anwendung, da durch sie jedem die Chance gegeben wird, zu prüfen, ob er die Inhalte verstanden hat und anwenden kann. Bei einer direkten Besprechung der Aufgaben in der gesamten Klasse würde gerade auch den langsameren Anwesenden sonst nicht ausreichend Zeit zum Überlegen und Selbermachen gegeben werden.

Medien

An Medien und Materialien wird vor allem das BGB benötigt. Hier ist es notwendig, dass jeder Beamtenanwärter seine eigenen Gesetzestexte mitbringt, damit er dort während des Unterrichts Markierungen und Randkommentierungen vornehmen kann. Außerdem ist es für die Erarbeitungsphase notwendig, da die Inhalte aus dem Gesetz abzuleiten sind.

Die Whiteboard wird genutzt, um dort in der Einführungsphase die Teilnehmerbeiträge zu sammeln und damit während des Unterrichts die Bandbreite an existierenden Vertragsarten zu verdeutlichen. Dies verbildlicht den Teilnehmern auch, dass die in der Erarbeitungsphase besprochenen Vertragsarten nur exemplarisch durch den Lehrplan vorgegeben aber bei weitem nicht abschließend sind.

Die Pinnwand wird für die Präsentation der Arbeitsergebnisse genutzt. Dies erscheint unter mehreren Gesichtspunkten sinnvoll. So können einerseits die einzelnen Paarungen/Gruppen ihre Ergebnisse leichter zeitgleich auf Moderationskarten notieren – die anschließend in der Präsentation nur noch an die Pinnwand zu hängen sind – als dies bei einer einzigen Whiteboard möglich wäre. Andererseits können sich auch schnell etwaige Fehler leicht korrigieren lassen, indem einfach eine falsche Moderationskarte abgehängt und durch eine richtige ersetzt wird.

Raum

Im Klassenzimmer werden die Beamten ganz klassisch an Tischreihen sitzen (zwei Personen pro Tisch mit insgesamt drei bis vier Tischreihen). Die Klasse ist hierbei nach vorne auf ein an der Wand fixiertes Whiteboard ausgerichtet. Eine Pinnwand steht an der Seite zur Verwendung parat. Der Raum lässt (ohne dass die Tische raus getragen werden) kaum Platz für Bewegung oder aufwendige Gruppenarbeiten.

Unterrichtssequenz

Unterrichtssequenz

UE	Phase	Inhalt
1	Einführung	Brainstorming zur Abfrage vorhandenen Wissens
	Erarbeitung der Voraussetzungen zur Bewältigung des Themas	Einteilung der Partner/Kleinstgruppen, Verteilung der Arbeitsaufträge
2	Erarbeitungs-/Informationsphase	Partnerarbeiten, Vortrag
	Präsentationsphase	Moderation mit Pinnwänden, Powerpoint
0,5	Feedback	Fünf-Finger-Methode (Daumen für gut fand ich, Zeigefinger für darauf möchte ich noch hinweisen, Mittelfinger für gestunken hat mir, Ringfinger für den Inhalt werde ich nutzen für..., kleiner Finger für zu kurz gekommen ist mir)
1	Sicherung	Quiz, Wiederholungsfragen
0,5	Anwendung/Transfer	Klausuraufgaben zu den behandelten Inhalten

Unterrichtsverlaufsplan

UE	Phase	Inhalt	Methode	Material	Kompetenz
5 Min	Einführung	Hinweis auf die Existenz einer Vielzahl von schuldrechtlichen Verpflichtungsgeschäften Sammlung der bereits von den Beamtenanwärtern gekannten Vertragsarten	Brainstorming im Plenum mit Sicherung der Ergebnisse an der Whiteboard	Whiteboard und Stift	Die Beamtenanwärter wissen, dass es eine Vielzahl von Verpflichtungsgeschäften gibt. (Fachkompetenz) Sie werden Offenheit und Interesse für das Thema wecken, da sie dessen Bedeutung für das eigene private und berufliche Leben erkennen. (Selbstkompetenz)
30 Min	Erarbeitung (Hauptteil)	Unterscheidung von: - Kaufvertrag - Schenkung - Miete - Leihe - Darlehen (Sach- und Gelddarlehen) - Dienstvertrag - Arbeitsvertrag - Werkvertrag - Auftrag - Verwahrung Hinsichtlich der Merkmale: - zentrale Norm - Name des Vertragstyps - Vertragsparteien - Hauptpflichten der Vertragsparteien	Partner-/Kleingruppenarbeit mit anschließender Präsentation der Ergebnisse	BGB pro Beamtenanwärter, Moderationskarten, Pinnnadeln, Stifte, Pinnwand, Handout (siehe Anlage) pro Beamtenanwärter	Die Beamtenanwärter können die einzelnen (unter Inhalt) genannten Verträge gegeneinander abgrenzen. (Fachkompetenz) Sie können eigenständig aus dem Gesetz die zentralen Merkmale von Verpflichtungsgeschäften ableiten. Ferner üben sie sich im Präsentieren vor der Gruppe. (Methodenkompetenz) Die Beamtenanwärter arbeiten konzentriert und verantwortungsvoll

Unterrichtsverlaufsplan

					eigenständig an den Inhalten, da sie diese den Mitschülern erläutern können müssen. (Selbstkompetenz) Sie lernen in Partnerarbeit zusammen zu arbeiten und können Präsentationsfähigkeiten einüben. (Sozialkompetenz)
10 Min	Ergebnissicherung (Schluss)	Wiederholungs-/Festigungsaufgaben zu den schuldrechtlichen Verpflichtungsgeschäften	Einzelarbeit, Besprechung der Ergebnisse im Plenum	BGB pro Beamtenanwärter, Arbeitsblatt mit Übungsfällen pro Beamtenanwärter (siehe Anlage)	Die Beamtenanwärter sind in der Lage zu bestimmen, welche Verpflichtungsgeschäfte ihnen in Sachverhalten oder im Leben begegnen. (Fachkompetenz) Sie können argumentativ begründen, warum sie welches Verpflichtungsgeschäft in den einzelnen Fallbeispielen erkannt haben. (Sozialkompetenz) Die Anwärter lernen, eigenständig zu arbeiten. (Selbstkompetenz)

Anlage: Handout (bzw. Mögliches Tafelbild an der Pinnwand nach Präsentation der Ergebnisse aus der Partnerarbeit

Norm	Vertragsart	Vertragspartner	Pflichten der Vertragspartner
§ 433 BGB	Kaufvertrag	- Käufer - Verkäufer	- Zahlung des Kaufpreises; Abnahme der Kaufsache - Übereignung des rechts- und sachmangelfreien Kaufgegenstandes
§ 488 BGB	Darlehensvertrag	- Darlehensnehmer - Darlehensgeber	- Zahlung des Darlehenszinses; Tilgung des Darlehens - Bereitstellung eines Geldbetrags in vereinbarter Höhe
§ 516 BGB	Schenkungsvertrag	- Schenkender - Beschenkter	- Unentgeltliche Zuwendung aus eigenem Vermögen - keine
§ 535 BGB	Mietvertrag	- Mieter - Vermieter	- Entrichtung der Miete - Gebrauchsüberlassung des Mietgegenstands; Erhalt der Mietsache in für den vertragsgemäßen Gebrauch geeignetem Zustand
§ 598 BGB	Leihvertrag	- Entleiher - Verleiher	- Herausgabe der Sache nach Zeitablauf - Unentgeltliche Gebrauchsüberlassung einer Sache auf Zeit
§ 607 BGB	Sachdarlehensvertrag	- Darlehensnehmer - Darlehensgeber	- Zahlung Darlehensentgelts; Erstattung Sache gleicher Art, Güte und Menge - Überlassung einer vertretbaren Sache
§ 611 BGB	Dienstvertrag	- Dienstverpflichteter - Dienstherr	- Leistung versprochener Dienste - Gewährung der Vergütung
§ 611a BGB	Arbeitsvertrag	- Arbeitnehmer - Arbeitgeber	- Persönliche Verrichtung der weisungsgebundenen, fremdbestimmten Arbeit - Zahlung der Vergütung
§ 631 BGB	Werkvertrag	- Unternehmer (Auftragnehmer) - Besteller (Auftraggeber)	- Herstellung des versprochenen Werkes (Erfolg) - Entrichtung der Vergütung
§ 662 BGB	Auftrag	- Auftraggeber - Auftragnehmer	- Keine - Unentgeltliche Geschäftsbesorgung
§ 688 BGB	Verwahrung	- Hinterleger - Verwahrer	- Ggf. Zahlung der Vergütung - Aufbewahrung einer beweglichen Sache

Anlage: Fallbeispiele zur Festigung

Aufgabe:

Geben Sie an, welche Verträge (unter Nennung der entsprechenden Norm) in den nachfolgenden Beispielen angesprochen sind:

1. A überlässt seinem Nachbarn B bei seinem Auszug unentgeltlich sein altes Sofa.
2. Der A wohnt im Haus seiner Tante B und bezahlt hierfür monatlich.
3. Die A erwirbt von B gegen Bezahlung neue Dachziegel für ihr Haus.
4. Der A verlegt in seiner Wohnung neue Böden. Daher bat er seinen Nachbarn B, seine Möbel in dieser Zeit kostenlos in dessen Scheune unterstellen zu dürfen. B ist einverstanden.
5. A möchte B auf Schadensersatz beklagen. Da er sich selbst aber rechtlich nicht auskennt, macht er bei C einen Termin aus, um sich von diesem beraten zu lassen.
6. Der A, der erstmalig Skifahren geht, borgt sich das benötigte Equipment von B.
7. A möchte sich ein neues Auto kaufen. Da er kein Geld hat, geht er zur Bank B und leiht sich dort welches.
8. A müsste noch einen Brief zur Post bringen. Da sie keine Zeit hat, bittet sie ihren Sohn B, dies für sie zu tun. Er ist einverstanden.
9. A hat sich um eine Anstellung in der Firma des B beworben. Sie bekommt eine Zusage.
10. A will eine Torte backen, hat allerdings keine Eier mehr. Sie borgt sich daher bei ihrer Nachbarin B welche.
11. Der A hatte einen Unfall mit seinem Auto. Er fährt in die Werkstatt des B, um sich dort das Fahrzeug reparieren zu lassen

Anlage: Fallbeispiele zur Festigung

Lösung:

Nr.	Vertragsart
1.	Schenkungsvertrag (§ 516 BGB)
2.	Mietvertrag (§ 535 BGB)
3.	Kaufvertrag (§ 433 BGB)
4.	Verwahrvertrag (§ 688 BGB)
5.	Dienstvertrag (§ 611 BGB)
6.	Leihvertrag (§ 598 BGB)
7.	Darlehensvertrag (§ 488 BGB)
8.	Auftrag (§ 662 BGB)
9.	Arbeitsvertrag (§ 611a BGB)
10.	Sachdarlehensvertrag (§ 607 BGB)
11.	Werkvertrag (§ 631 BGB)

Kompetenzorientierter Leistungsnachweis

AUFGABEN

Mit den nachfolgenden Fragen könnte der Inhalt der behandelten Unterrichtsstunde abgeprüft werden. Hierbei bezieht sich Frage 1 auf eine reine Wissensabfrage/-wiedergabe. Sie wird daher auch am schwächsten bepunktet (halber Punkt pro richtiger Bezeichnung eines Vertragstyps mit zugehöriger Norm). Frage 2 ist eine Transferaufgabe, bei der die Beamtenanwärter zunächst ihr Wissen zu zwei Vertragstypen wiedergeben und gegenüberstellen müssen, bevor sie diese Informationen reflektieren, um dann eine begründete Entscheidung treffen zu können. Hier wird für die Darstellung der Inhalte sowie für die Begründung der Antwort jeweils ein Punkt vergeben. Frage 3 ist nicht allein auf die fachliche Kompetenz abgestellt, da nicht nur bekannte Inhalte in einem Lückentext abgeprüft werden, sondern vielmehr auch ein unbekannter Vertragstyp abgeprüft wird. Hier steht im Vordergrund zu prüfen, ob die Prüflinge in der Lage sind, neue Sachverhalte – durch Rückgreifen auf bekannte Erarbeitungsweisen mit dem Gesetz – rechtlich einzuordnen, die notwendigen Normen zu finden, zu lesen und zu verstehen. Es gibt hierbei pro richtig gefüllter Lücke jeweils einen Punkt.

Nachfolgend die Aufgaben:

Frage 1) Nennen Sie fünf schuldrechtliche Vertragstypen mit Namen sowie zentraler Norm! (2,5 Punkte)

1. _____ § _____ BGB
2. _____ § _____ BGB
3. _____ § _____ BGB
4. _____ § _____ BGB
5. _____ § _____ BGB

Frage 2) Erläutern Sie anhand der Gegenüberstellung von Dienst- und Werkvertrag, warum Ärzte vor der Schaffung des Behandlungsvertrags regelmäßig einen Dienstvertrag abgeschlossen haben! Gehen Sie hierbei darauf ein, was ein Arzt bei den jeweiligen Vertragstypen geschuldet hat und zitieren Sie bei Beantwortung der Frage die einschlägigen Normen! (6 Punkte)

_____
_____
_____
_____
_____
_____
_____
_____
_____
_____

Frage 3) Füllen Sie die Lücken im nachfolgenden Text. Nutzen Sie hierfür das Gesetz. (8 Punkte)

Ein Verwahrvertrag (nach § _____ BGB) wird zwischen den Vertragsparteien _____ und _____ geschlossen. Gegenstand des Vertrages ist es, eine übergebene bewegliche Sache _____. Als Gegenleistung hierfür gibt es eine _____, soweit nicht aus den Umständen zu erwarten war, dass die Aufbewahrung ohne diese erfolgt.

Kompetenzorientierter Leistungsnachweis

Durch einen Bürgschaftsvertrag (nach §_____BGB) verpflichtet sich der _____ für eine fremde Schuld einzustehen. Hierfür hat er eine Erklärung abzugeben, die dem Formerfordernis der _____ entsprechen muss.

Zugelassene Hilfsmittel: Volltext des Bürgerlichen Gesetzbuches

Kompetenzorientierter Leistungsnachweis

<u>LÖSUNGEN</u>

Erwartungshorizont Frage 1:

Kaufvertrag § 433 BGB	Leihvertrag § 598 BGB	Werkvertrag § 631 BGB
Darlehensvertrag § 488 BGB	Sachdarlehensvertrag § 607 BGB	Auftrag § 662 BGB
Schenkungsvertrag § 516 BGB	Dienstvertrag § 611 BGB	Verwahrung § 688 BGB
Mietvertrag § 535 BGB	Arbeitsvertrag § 611a BGB	

Daneben werden auch die nicht behandelten Verträge als richtig gewertet, wenn sie schuldrechtlichen Charakter haben.

Erwartungshorizont Frage 2:

Dienstvertrag nach § 611 BGB (1 Punkt) führt dazu, dass der Arzt ein Bemühen (1 Punkt) schuldet. Beim Werkvertrag nach § 631 BGB (1 Punkt) würde der Arzt einen Werk (also einen konkreten Erfolg) (1 Punkt) schulden. Da der Arzt nicht dafür garantieren kann, dass durch seine Behandlung der Patient wieder gesund wird (1 Punkt), wird er – allein schon aus Gründen der Haftung – einen Dienstvertrag abschließen, da er andernfalls zwingend eine Heilung herbeiführen müsste (1 Punkt).

Eine andere schlüssige Begründung kann auch als richtig bewertet werden, soweit sie rechtlich vertretbar ist.

Erwartungshorizont Frage 3:

688	765
Hinterleger/Verwahrer	Bürge
Verwahrer/Hinterleger	Schriftform
Zu verwahren	
Vergütung